AF601014

ANDRÉ LEVINSON

PAUL VALÉRY
PHILOSOPHE DE LA DANSE

LES CAHIERS VALÉRY

LES CAHIERS VALÉRY

I

PAUL VALÉRY

PHILOSOPHE DE LA DANSE

ANDRÉ LEVINSON

PAUL VALÉRY
PHILOSOPHE DE LA DANSE

LA TOUR D'IVOIRE
39, RUE JONQUOY, 39
PARIS

La belle mobilité des transitions que nous admirons en de pareilles artistes est ici suspendue pour un instant, de telle façon que nous apercevons en même temps le passé, le présent et l'avenir, ce qui nous suffit pour accéder à un état céleste.

GŒTHE
« Le Tombeau de la Danseuse »

PARMI les "vices impunis" que suscite la fréquentation familière des ouvrages de l'esprit, nul ne me semble plus digne d'indulgence que l'indiscrète ferveur du glossateur. Or une "variété" de M. Paul Valéry, "calme bloc", est, plus que tout autre essai, un fait à jamais accompli, inaltérable, et qui se dérobe à la frivole surcharge d'une exégèse. Valéry dit tout ce qu'il se propose de dire, et tait ce qu'il a entendu cacher. Les arceaux de ses vastes architectures s'ouvrent sur l'espace ; mais leurs portes sont condamnées par une incoercible volonté. A quoi bon, s'il en est ainsi, tenter l'escalade ? Avant tout pour la jouissance de *citer*, c'est-à-dire de transcrire, de sa propre main et de sa meilleure encre, des fragments d'un texte admiré. En répétant le geste même qu'accomplit l'écrivain en formant ses vocables je m'associe, dévot calligraphe, à l'effort musculaire et à l'incitation nerveuse qui tracèrent ces pleins et ces déliés. J'espère ainsi en surprendre l'impulsion intime; la littérature n'est-elle pas le plus subtil des métiers manuels ? Ma volupté de scribe est, dès lors, pareille à celle du danseur qui absorbe une musique en mimant de tous ses membres et jusque dans ses entrailles les oscillations du corps sonore.

Un écrit de M. Valéry est un dédale sans issue inondé de lumière. Le dialogue de *L'âme et la danse* est un exemple de cette "obscure clarté". Cet opuscule est-il un traité d'orchestique, fait pour suppléer au livre perdu d'Aristoxène, ou ébauche-t-il une " explication orphique du monde"? La danse y est-elle subtance ou prétexte? Ces "claires danseuses" possèdent-elles la réalité plus que charnelle propre aux êtres imaginaires, ou ne sont-elles que des véhicules de la métaphore, des cariatides de la pensée? On croit enfin pouvoir opter entre le sens direct et le figuré quand, à un tournant subit du raisonnement, le fini des choses se fond dans l'infini de l'âme; tout déconfit, le lecteur Ixion embrasse la nuée. A plus d'une reprise, M. Valéry atteste la splendeur et la misère de l'entendement humain; philosophe, il ne se sauve du désespoir que grâce aux satisfactions du pur artifice dialectique. Selon lui, toute velléité de comprendre entame l'ordre transcendant : l'idée est une intervention qui trouble et fausse l'image de l'univers. Expliquer une chose, c'est la déformer ; penser, c'est substituer l'arbitraire à l'inconnaissable vérité. La forme du dialogue platonicien qui est celle de *L'âme et la danse*, favorise cette angoissante et délectable incertitude. Les interlocuteurs sont trois ; le jeu de leurs reparties cache tantôt celui de l'auteur et tantôt le montre à découvert. A travers ce texte entrecoupé, intermittent, va-et-vient de balles saisies au vol, se poursuit l'incessante métamorphose du concret en abstrait, de l'objet en concept. L'" unanime conflit" se déroule sur deux plans différents qui ne se chevauchent pas, ni se superposent, mais qui se compénètrent si constamment qu'on n'arrive plus à les disjoindre. Nips, Niphoé, Néma et ces autres que nomme le "catalogue" des coryphées, s'épanouissent, jeunes filles en fleur, sur les extrêmes confins du non-être.

Mais une autre embûche est tendue à l'impavide commentateur que cette "combinaison de chair et d'esprit". La prose valérienne tantôt sollicite l'imagination visuelle, tantôt par ses coupes scandées et ses rappels de sons suggère des associations purement auditives. Subitement les files de figures sculptées tout au long d'une frise ne sont plus, " ô maligne Syrinx ", que des triolets de croches courant sur d'invisibles portées. L'éloquence s'évanouit ; la musique plane. Par la magie ambiguë d'une telle écriture, l'image modelée devient accord modulé. La controverse socratique cède à la cantate à trois voix.

Résignés d'avance au plus médiocre succès, nous chercherons à trouver l'application pertinente de ces données, à la fois précises et hermétiques, aux problèmes qui nous hantent, soit à la définition de la beauté saltatoire. Mais nous nous garderons de franchir imprudemment " cette tremblante, frêle et pieuse distance " qui sépare le fait immédiat du message ineffable.

« Ce ne fut jamais un jeu d'oisif que de soustraire un peu de grâce, un peu de clarté, un peu de durée, à la mobilité des choses de l'esprit. »

« AU SUJET D'ADONIS »

POUR la couverture d'une récente édition de luxe destinée à magnifier l'ouvrage de Valéry, un artiste adroit a gravé une figurine de danseuse, originaire de Myrrhina et conservée au Louvre. Ce frontispice nous trompe involontairement sur ce que contient le livre. Le dessinateur s'est laissé leurrer par une conception factice de la danse antique. La mignonne baladine de terre cuite qui, la tête rejetée, les bras étendus battant l'air, le long chiton festonné bouillonnant autour des jambes, exécute son *cake-walk* ionien, est plutôt faite pour illustrer le sautillant dialogue de Lucien, cet étourdissant feuilletonniste de la décadence.

Les personnages qui, dans *L'âme et la danse*, se prêtent aux conjectures des convives nous présentent un *ballet classique*. Rhodonia dont "l'oreille est merveilleusement liée à la cheville" est, autant que la douce Rhodopis (celle qu'Eryximaque couve d'un œil falstaffien et goulu), une danseuse "d'école". Quant à l' "étonnante et extrême" Athikté, elle aurait pu avoir nom Carlotta ! Les "pas" de ces "sujets" sont décrits avec une propriété qui exclut le doute. En faisant mention *d'entrechats, de battements* et de la délicatesse des pointes stationnaires, M. Valéry puise délibéremment dans le vocabulaire de Vestris. Depuis les *Divagations*, le fait chorégrafique n'a pas été cerné d'aussi près.[1] La salle du banquet où festoient Socrate et ses comparses, donne de plain-pied sur le "plateau" de l'Opéra. De prime abord, l'anachronisme paraît patent et excessif. Cependant la présumée licence du poète s'étaye des arguments surprenants de l'érudition.

Il y a quelques trente ans, M. Maurice Emmanuel établissait, dans la plus imprévue des audacieuses thèses, l'analogie partielle mais saisissante entre le ballet moderne et l'orchestique grecque. C'est accoudé sur ce livre, témoignage à décharge, que M. Paul Valéry a dû rédiger certains passages de son dialogue. Mais hâtons-nous de frapper les trois coups pour ce spectacle dans un fauteuil ! Et qu'il soit permis au scholiaste déférent de reléguer dans les notes, afin de ne pas troubler le cours de la représentation, maintes remarques accumulées sur les tangentes du sujet.

Une entrée d'ensemble l'ouvre, " mi-légère, mi-solennelle ". La description en reste sommaire, comme aussi l'impression par nous éprouvée, les formules non spécifiées. Les mouvements conjugués du corps de ballet paraissent multipliés à cause de leur similitude ; bras et jambes semblent innombrables. Les groupes édifient et dénouent d'éphémères architectures, " petits temples roses et ronds" ; puis tout reflue vers les coulisses, créant la distance et le vide nécessaires pour que paraisse, tandis que les autres restent fixes et comme enchantées, l'*étoile* Athikté. Par quelles prouesses la virtuose attestera-t-elle sa précellence ? Dès que les arpèges du prélude ont cessé de résonner, elle commencera son *solo* par " une simple marche circulaire ", cependant " toute divine " qui est le " suprême de son art ". " Elle marche avec naturel sur le sommet qu'elle a atteint. " D'où vient que le mécanisme primaire de la locomotion assume cette " majesté qui était confuse dans nous tous " ? En sa " parfaite procession " l'Athikté n'accomplit rien d'autre que ce que nous faisons à tout instant. " Elle place avec symétrie sur ce miroir de ses forces (le sol) ses appuis alternés, le talon versant le corps vers la pointe, l'autre pied passant et recevant ce corps et le reversant à l'avance". Cette élégante théorie de la démarche qui nous montre les mouvements symétriquement successifs des deux jambes est aussi valable pour la danseuse que pour le portefaix. Comment se fait-il que cette "marche monumentale" devienne "un modèle universel"? C'est que la danseuse "obéit à des figures invisibles... L'amplitude de ses pas est accordée avec leur nombre... Mais nombre et longueur sont d'autre part secrètement en harmonie avec la stature". Le triple accord de ces "grâces commensurables", où se confondent les catégories de l'extension et de la durée, transforme chaque foulée d'Athikté d'un module mécanique en un haut fait esthétique.[1]

Mais déjà, la "parade" achevée, la palpitante, qui a fermé les yeux, se recueille pour la *variation*.

Quelques temps de préparation : "elle dessine avec lenteur l'enfantement d'un bond" en pliant avant de jaillir. Plusieurs mesures d'adage, et voilà que, "pénétrant dans ce qui n'est pas possible", elle se "consacre au mouvement total" (Gœthe raffolait de cet adjectif). Qu'a-t-elle fait pour accéder ainsi à l'absolu?

Elle s'est élevée sur les *pointes*. Sans s'élancer dans l'espace, elle se fait, sur ces mignards pilotis, "une demeure un peu au-dessus des choses". Et partant de cette abrupte "cinquième", l'Athikté "se tresse de ses pieds un tapis indéfinissable de sensations", en exécutant, sur un *pizzicati* de cithare, l'espiègle "promenade" taquetée que M. Paul Valéry lui a réglée. "Elle croise, elle décroise, elle trame la terre avec la durée... O le charmant ouvrage, le travail très précieux de ses orteils intelligents qui attaquent, qui esquivent, qui nouent et qui dénouent, qui se pourchassent, qui s'envolent"... Que devient notre danseuse cependant que le fils d'Acumène ainsi s'exclame, aussi volubile que ces "pieds prodigieux"? Sur la trame des pas de bourrée serrés et diligents, elle brode relevés et emboîtés, glisse et chasse. "Qu'ils sont habiles, qu'ils sont vifs, ces purs ouvriers des délices du temps perdu!... Ces deux pieds babillent entre eux et se querellent comme des colombes!... Le même point du sol les fait se disputer comme pour un grain!...[1]" ("Ses pieds sont comme deux blanches colombes", râlait dans la *Solomé* d'Oscar Wilde Narraboth, le ver de terre amoureux d'une étoile.) Et plus pareils encore à des oiseaux, ils "s'emportent ensemble et se choquent dans l'air".

L'image empennée annonçait, en effet, un enchaînement de temps sautés et battus, le choc allègre des petites cabrioles, le zig-zag oblique des brisés. Ainsi s'achève ce brillant *scherzo*, ponctué de pirouettes sur la pointe dont la stabilité fait " le juste orgueil des extrêmes orteils de l'Athikté" ; ces mouvements de rotation ne sont que les avant-coureurs du déchaînement final. Or Phèdre, le sensitif qui déjà balbutie, s'arrache à la contemplation du corps transfiguré pour suivre "sur le sol sans défaut, libre, net," l'itinéraire de toutes ces ravissantes évolutions. " Elle trace — les énumère-t-il avec clairvoyance — des roses, des entrelacs, des étoiles de mouvement, de magiques enceintes. Elle bondit hors des cercles à peine fermés." Cependant que la statue vivante, en son équilibre vertical, peuple l'espace d'une foule de formes, les " agiles onyx " des pointes dessinent sur le plan horizontal du lieu des lignes aussi nettes et plus vite effacées que le sillage d'une carène. Sur le quadrilatère régulier de la scène, la course des " illustres danseuses " s'inscrit en des tracés qui affectent la pureté des figures et sections géométriques : le cercle, la diagonale.[1] L'écriture des "chemins" fut jadis la phase initiale de la danse de théâtre.

Mais tandis que, apostrophant Eryximaque,

Socrate improvise longuement sa sublime élévation sur l'*ennui de vivre*, le divertissement gracieux et badin se précipite vers un pathétique dénouement. La percussion des déchirantes cymbales annonce le " presto " de la finale. Plus rien ne subsiste de la ronde balancée des Muses! Sur un air de galop à deux temps, le thyase forcené envahit le plateau qui paraît embrasé. Sur l'invisible bûcher, l'Athikté flambe et se consume... "On croirait que la danse lui sort du corps comme une flamme... Dévorée de figures innombrables... elle sort incessamment de soi "... Sortir de soi-même, n'est-ce pas le sens étymologique du mot *extase*? Dans l'étincelant artifice de sa variation sur les pointes, le moi de la danseuse s'affirmait avec magnificence. Il déborde et s'abolit dans la "*coda*". L'hymne à Apollon se tait; le dithyrambe dionysiaque gronde. Le rythme primaire, pulsation biologique, issu des abîmes de l'être, exerce son obscur et impérieux envoûtement. " Rien ne résiste à l'alternance des fortes et des faibles... Battez, battez!... La matière frappée et battue, et heurtée, en cadence, la terre bien frappée... les paumes des mains, les talons, bien frappant et battant le temps, forgeant joie et folie; et toutes choses en délire bien rythmé règnent. " Le furieux piétinement des temps de pointe ne dure que quelques instants, entraînement pour la " suprême tentative ". L'Athikté émerge, grandie, de ce tumulte feint; elle achève sa danse (comme si elle avait été des Ballets Russes) par une série de grands temps giratoires.

" L'Athikté cependant présente une dernière figure. Tout son corps sur ce gros doigt puissant se déplace. Son orteil qui la supporte tout entière frotte sur le sol comme le pouce sur le tambour. Quelle attention est dans ce doigt; quelle volonté la roidit, et la maintient sur cette pointe "... (Fi de la flasque demi-pointe et des gymnasiarques " planipèdes " !). Les brefs sursauts de la pointe à terre jalonnent son avance tandis que la jambe libre, alerte voltigeuse, dégage et se replie en mesure. " Mais voici qu'elle tourne sur elle-même ! " Ce n'est pas un " manège " qui encercle la scène en marquant les quatre coins, points cardinaux du plateau et " pôles de l'univers ". Du moins, rien ne l'indique. Isolée, elle tourne sur son axe.[5] La rotation, toujours accélérée, s'accomplit sur place, trombe immobile. Quels sont-ils, les temps de pirouette en quoi exulte et se déchire l'âme frénétique? Certes, des "fouttés en tournant"; je crois voir le-coup-de-pied fléchir et se tendre, et la jambe agissante faire virer le corps par son impulsion véhémente. Mais sommes-nous encore " en possession d'enchaîner, comme il faudrait, une analyse à une extase" ? Plongée dans ce bain de forces déchaînées, l'étoile vit sa " katharsis", périlleux état de grâce : " toute la vase de son âme se sépare enfin du plus pur. " Elle tourne encore; puis elle s'affaisse épuisée. Est-elle morte ? [6] Non : absente, ravie d'elle-même. Quand elle reprend connaissance elle peut, enfin délivrée, parler ou, plutôt, exhaler cet oracle entrecoupé par les césures du souffle encore oppressé :

" Asile, asile, ô mon asile, ô Tourbillon ! J'étais en toi, ô mouvement, en dehors de toutes les choses..." Qui lui a soufflé ce couplet incantatoire ? L'obscur sage d'Ephèse ou ce Djellaledin Roumi, le poète persan qui traita de la vertu occulte de la ronde ? Ce n'est plus la ballerine qui explique son métier. Par cette grande et terrible expérience, elle communie aussi bien avec le derviche tourneur et le bateleur thibétain qu'avec le féticheur nègre[7] . Elle n'exécute plus, ni ne crée : elle subit.

LE ballet est fini : il reste à demander à l'écrivain le chiffre de son " grimoire " ; il nous faut pénétrer, guidés par M. Paul Valéry, le mystère de cet enchantement des yeux, le sens et la portée spirituelle de ces " beaux actes bien égaux ". De tous les arts, la danse se révèle le plus matériel mais aussi le plus abstrait. Elle résout l'antithèse de la chair et de l'esprit ; c'est là son miracle. Ces corps pantelants, baignés de sueur, ces muscles qui se contractent sous le maillot, tout l'ardu et muet effort de ces membres " délicieusement durs, et inexprimablement souples ", sont maîtrisés par le nombre et habités par l'idée. Une flexion du jarret, une détente du coup de pied commandées par la danse affectent prodigieusement ce que Plotin appelait " la partie supérieure de l'âme. "

" Ici, la certitude est un jeu, on dirait que la connaissance a trouvé son acte, et que l'intelligence tout à coup consent aux grâces spontanées. " A chaque instant, la danseuse pose et donne " des myriades de questions et des réponses ", et le Socrate du dialogue paraît se complaire par-dessus tout à ce passionnant et décevant dualisme. Qu'est la danse (le plus prémédité des genres, car toute une éducation lui précède et en préfigure les formes) sinon " le contraire d'un rêve, et le hasard absent "? Mais quel autre objet poursuivrait la féerie gymnastique du ballet, si ce n'est l'éclosion d'un " rêve de vigilance et de tension que ferait la raison elle-même " ?

Un rêve, ce " monde de forces exactes et d'illusions étudiées ", — ensemble de procédés éprouvé et systématique, pour tirer du réel l'imaginaire, — " rêve, mais rêve tout pénétré de symétries, tout ordre, tout actes et séquences " ! Ce rêve éveillé se suffit-il et nous comble-t-il par lui-même? Repose-t-il en soi ? La danseuse a-t-elle un maître dont elle serait le truchement? Ce maître serait-il Eros? C'est Phèdre qui, pareil en ceci au commun des spectateurs, " à tout prix, prétend qu'elle représente quelque chose "[8]. Bien lui en prend, car il s'attire cette décisive sentence de Socrate qui est comme la clé de voûte du dialogue. " Ne sentez-vous pas qu'elle (la danse) est l'*acte pur des métamorphoses?*" Paroles admirables! Car, en écartant sévèrement l'erreur coutumière, l'orateur fonde en raison la visée même et le sens de la danse. Ni la *figuration,* ni l'*expression !* La pure *fonction.*

Faut-il que la danseuse, "monstre de force et de promptitude", soit, de cette souveraine fonction, avertie et consciente? Comme en avait jugé Mallarmé, la "ballerine illettrée, se livrant aux jeux de sa profession" n'est pour M. Valéry qu'une "inconsciente révélatrice". Des prodiges qui, par elle, s'accomplissent, Eryximaque doute qu'elle sache quelque chose d'autre que des entrechats péniblement appris. Et tout en déroulant majestueusement sa belle "amplification" sur la nature de la flamme, Socrate lance, à la cantonade, cette question férocement ingénue : " Cette fille est peut-être une sotte?" Qu'importe, après tout, ô Athikté, chère âme, petit enfant, petit oiseau? N'es-tu pas l'instrument docile et juste de quelque chose de plus auguste que toi? Être charmant et candide, tu n'es divine que par délégation, "selon la puissance des Muses" !

STÉPHANE Mallarmé, homme d'intérieur frileux et sédentaire, fait pourtant entendre que ses " études de danse", reportages sibyllins, avaient été "crayonnées au théâtre". M. Paul Valéry n'a pas, quant à lui, déserté son chez-soi pour calquer sur le modèle vivant les personnages de sa fiction. Nulle danseuse n'a, que je sache, franchi son seuil. Une cursive confidence du maître me mit sur la trace des références qui lui servirent. C'est tout bonnement un jeu de photographies qui donnent, pour divers pas de danse, le tracé de la trajectoire de certains points du corps de la danseuse, particulièrement de la tête et des pieds ou de la main (" cependant que la cime adorable de sa tête trace... le front d'une vague ondulée "). Le procédé du professeur Soret qui prit ces épreuves au Théâtre de Genève est basé sur les recherches si fécondes que le docteur Marey, inventeur de la "chronophotographie", entreprit pour analyser la locomotion des hommes et des animaux. Ce procédé consiste à fixer sur un point du corps une petite lampe électrique à incandescence. La plaque reproduit le cheminement de ce signal lumineux. Il est curieux de suivre l'arabesque accidentée et folâtre de ces trajectoires; la main gauche, dans une série de pirouettes, dessine automatiquement une variante du méandre grec; cette courbe dentelée qui semble enregistrer des secousses sismiques n'est autre que la ligne de tête dans un pas de sissone; tel autre tracé ressemble au couronnement crénelé d'un château-fort. Les ronds de jambe s'allongent en ellipses, les cabrioles projettent deux angles aigus et inégaux. On ne saurait imaginer une manière plus précise et moins matérielle de s'attaquer au phénomène saltatoire. Ces schémas, dépouillés de toute réalité plastique, vestiges de lignes idéales, paraissent jalonner le néant. Avoir préféré la lecture de ces intersignes, conquêtes de l'extrême abstraction, certitudes squelettiques, à la présence réelle de quelques-unes de "ces filles si frêles et si fines", c'est à quoi l'on reconnaît d'emblée le penseur de l'*Introduction*. M. Paul Valéry se plaît particulièrement à affirmer que, simple et fastidieuse besogne de librairie, la composition de son dialogue a été une chose fortuite. Le thème lui en aurait été imposé. Le hasard aurait tout conduit. De même que le poète du *Narcisse*, Gœthe ne cessait d'affirmer que tous ses poèmes n'étaient que des "vers de circonstance". Et ce n'est guère par un hasard que, tout au long de cette paraphase, le nom de Gœthe s'est constamment insinué sous ma plume, mais par la plus pressante des analogies et l'irrésistible effet des "affinités électives".

NOTES

PAGE 16

[1] Jusque dans les instants suprêmes, le corps de ballet de M. Paul Valéry danse selon les traditions de l'art et les préceptes des maîtres ; " ce qu'il y a de plus beau, convient Eupalinos, l'architecte de Mégare, est nécessairement tyrannique ". La chorégraphie astreint le corps pantelant à la forme et accorde la pulsation fiévreuse des artères aux alternances calculées du rythme. Ces " profondes combinaisons du régulier et de l'irrégulier " déterminent aussi bien la progression d'une danse qu'elles assurent, impérieuses et insaisissables, la durée d'un temple et la " morale " de ses lignes. Aussi M. Valéry repousse-t-il d'emblée cette imposture du romantisme anglo-saxon qui, de la danse grecque antique, fait une improvisation dictée par l'émoi seul d'une sensibilité facile, à fleur de peau. Dans le trépignement même des corybantes l'arbitraire n'est qu'apparent et le désordre réglé par le

rite. La condition du véritable danseur est précisément celle du poète : " consentement de l'âme à des gênes exquises, et le triomphe perpétuel du sacrifice... La rigueur instituée, une liberté positive est possible "... De la valeur, pour les anciens, des formules saltatoires consacrées, nous devons la révélation au passage suivant des " Deipnosophistes " d'Athénée, cette encyclopédie sous forme de " *table talk* " (Livre I, paragraphe 21 d et suivants de l'édition Teubner) : " Αἰσχύλος... πολλὰ σχήματα ὀρχηστικὰ αὐτός ἐξευρίσκων ἀνεδίδου τοῖς χορευταῖς. Le compilateur averti célèbre en la personne d'Eschyle aussi bien que l'hoplite de Marathon ou le vainqueur dans maints concours tragiques qui (dira Boileau) " d'un masque plus honnête habilla les visages ", le *maître de ballet* qui " inventa de nombreux pas de danse et les transmit aux danseurs. "

PAGE 18

[2] Certes, la marche gymnastique d'Athikté ne se distingue en rien, quant à son processus, du mouvement usuel. Mais elle n'obéit plus au réflexe

habituel ; elle se plie à une intention de beauté. Cela fait que les deux actes matériellement identiques diffèrent en *dignité*.

M. Jourdain se trompe en croyant avoir dit de la prose depuis plus de quarante ans sans en rien savoir. Il en fait depuis que, dans l'espoir de bien dire, il tourne son billet à la marquise avec des paroles "bien arrangées comme il faut" : c'est de même que, d'acte familier, automatique, la marche devient écriture.

PAGE 19

[3] " Beauchamps ", — nous content, d'après l'anecdote du " Mercure galant ", les frères Parfaict, érudits incomparables, dans leur histoire manuscrite de l'Opéra, — " disoit à des personnes qui lui faisoient compliments sur la variété de ses entrées qu'il avoit appris à composer les figures de ses ballets par des pigeons qu'il avoit dans son grenier. Il alloit lui-même leur porter du grain, et le leur jettoit. Ces pigeons couroient à ce grain et les différentes formes que composoient ces pigeons lui donnoient les idées de ces danses."

La comparaison de la femme qui danse avec une chose ou un être qui volent, " flocon, oiseau" garde malgré l'usage abusif qu'on en a fait, une grâce immarcescible. Le " frémissement de plume vers l'idée " enchante la songerie du poète. Or, les " pédestres tourterelles " qui, dans le dialogue, tiennent l'emploi d'une figure verbale, furent, rapprochement curieux, pour le compositeur des ballets du Roy de diligentes et utiles conseillères.

PAGE 20

4) Le R. P. Ménétrier, de la Compagnie de Jésus, range dans son ouvrage " Des ballets anciens et modernes suivant les règles du théâtre " (1682) ces *figures* parmi les parties constitutives du spectacle de danse au même titre que les φορὰ, terme tiré d'Aristote et qu'il traduit ingénieusement avec " portements du corps ". " Figure, est de suivre un chemin tracé avec art ", ainsi définit cette notion le chorégraphe Feuillet (1701). " Je ne vois autre chose dans les fêtes de l'antiquité fabuleuse, se plaint l'illustre chevalier Noverre, que des mar-

ches, des contremarches, et des évolutions propres à former mille figures variées."

Pour le ballet renaissant, issu de l'esprit antique, c'est le cheminement des danseurs sur la *surface* plane qui seul importe. Lentement, la conception "verticale" se fait jour qui étudie la configuration du mouvement dans l'espace et le rayonnement de la statue vivante. Ainsi la chorégraphie "stéréométrique" se superposera peu à peu à la chorégraphie "planimétrique".

A Phèdre, l'ami sans défaut de Socrate et son interlocuteur dans "Eupalinos", la pensée de Dioclès le géomètre, apparaît "comme le théâtre d'une chorégraphie de symboles". Nous retrouvons dans l'éloge que fait un poète de son temps de Balthazar Beaujoyeux qui régla le "Ballet Comique de la Reine" la même image mais renversée. C'est le chorégraphe qui est, à son tour, traité de "géomètre inventif", unique en sa science.

PAGE 22

[5] M. Paul Valéry ne fait pas, à proprement dire, œuvre d'archéologue et de restaurateur en

décrivant les danses de son banquet. Il met à la place de ces grâces évanouies l'analogue et l'équivalent. Spécifions cependant que la giration sur les pointes est rigoureusement idoine à l'orchestique grecque. L'hiérodule du IVe siècle, coiffée du Kalathos, mitre évasée en treillis, merveille du Musée Ancien de Berlin, exécute, les genoux bien tendus, des "déboulés" sur les pointes. L'envolée concentrique du pagne bref et diaphane qui, sur le bas-relief, flotte, "tutu" rudimentaire et diaphane, autour de ses reins graciles, indique avec ostentation un mouvement rotatif.

PAGE 23

[6] Les "tours" ultimes d'Athikté, ses "bonds désespérés hors de sa forme", rejoignent, dans l'ordre lyrique, la meurtrière béatitude, la suprême volupté de la "mort d'Isolde". Nietzche n'oyait-il pas dans ce "naufrage insconscient" du moi, dans cette dissolution de l'individu et son identité supprimée, un puissant écho du "pathos" eschylien? Jamais assaut plus furieux n'ébranla le socle du divin archer que dans les pages de la "*Naissance*

de la tragédie " évoquant le délire d'Isolde, ce " chant de cygne métaphysique ". Le " tout bruissant " menace Apollon comme un formidable sursaut d'hydre. C'est ainsi qu'Athikté se soustrait, en plongeant dans le vertige, à la loi du Délien et se laisse aspirer par le chaos.

PAGE 23

[7] En traitant naguère de la propulsion circulaire, éruption d'un instinct mal enchaîné qui contraint aux mêmes paroxysmes la ballerine sceptique et le sorcier mongol, nous en venions d'augurer de l'existence, en matière de danse, d'un répertoire immuable et restreint de " schémas " et à l'universalité de ces axiomes. "Une pareille rencontre entre l'artifice élaboré par l'intelligence occidentale et le rite d'un lointain et mystique Orient nous fait présumer (estimions-nous dès lors) qu'il existe, en fait de danse, une vérité générale. L'âme émue dicte au muscle incité un langage toujours et partout le même. Il est un certain nombre de formes saltatoires qui, symboliques ou expressives, se répètent et se perpétuent. Leur signification peut se modifier selon les époques et les races. Leur mécanisme

subsiste". Et nous invoquions, à l'appui de cette conclusion, ces pleureuses égyptiennes qui, depuis quatre mille années et plus, perpétuent, tout au long des parois d'un tombeau de Sakkara, le mouvement même des "marcheuses" dans le "*Chahut*" de Seurat.

PAGE 26

[8] Évitons de nous méprendre sur l'emploi de l'Athikté ! Mime, elle ne l'est aucunement, ni *chirosophe*, ni *dactilologue*, mais uniquement la souveraine danseuse. Une seule phrase de Socrate, propos de pure convenance, sacrifie à cette confusion, instaurée par les réthoriciens, qui substitue l'arrière-pensée élocutoire à l'essor fervent du danseur. De Plutarque et Cassiodore aux Saumaize et aux Boulenger, humanistes de la dernière heure, cet escamotage est couramment pratiqué ; il n'est question que de "mains loquaces" et de "doigts verbeux". "Leurs mains parlent", renchérit, de même, l'exorde de Socrate. Mais il convient d'attester que, à aucun moment de la fête, Athikté n'imite les actes d'autrui ni ne peint, comme le veut

Aristote, des mœurs. Elle n'est pas comédienne ou, comme cela se disait chez les Grecs, "hypocrite". "L'infinité des nobles similitudes" qu'elle fait surgir en dansant est foncièrement différente des simulacres grossiers de la pantomime. Comme jubile le chœur angélique du deuxième *Faust*, " toute chose périssable n'est plus que symbole ". Telle est aussi la secrète vertu de la danse.

JUSTIFICATION DU TIRAGE

Il a été tiré de cet ouvrage, le premier publié dans la collection *Les Cahiers Valéry* : dix exemplaires sur Japon Impérial, numérotés de 1 à 10 ; quarante exemplaires sur hollande Van Gelder, numérotés de 11 à 50 et cinq cents exemplaires sur Vergé de Rives, numérotés de 51 à 550. Les exemplaires hors commerce sont numérotés en chiffres romains.

Exemplaire N°

Achevé
d'imprimer
le 8 Janvier 1927
par Ducros et Colas
à Paris

www.ingramcontent.com/pod-product-compliance
Ingram Content Group UK Ltd.
Pitfield, Milton Keynes, MK11 3LW, UK
UKHW021518260726
13993UKWH00004B/1747

9 782329 268934